AF310725

FRANÇOIS-CHARLES

ARREAU

Né à Moulins (Allier)

LE 13 NOVEMBRE 1847

BOULOGNE-SUR-MER

21 AOÛT 1883

BOULOGNE-SUR-MER

IMPRIMERIE VEUVE CHARLES ...

RUE DES VIEILLARDS

1883

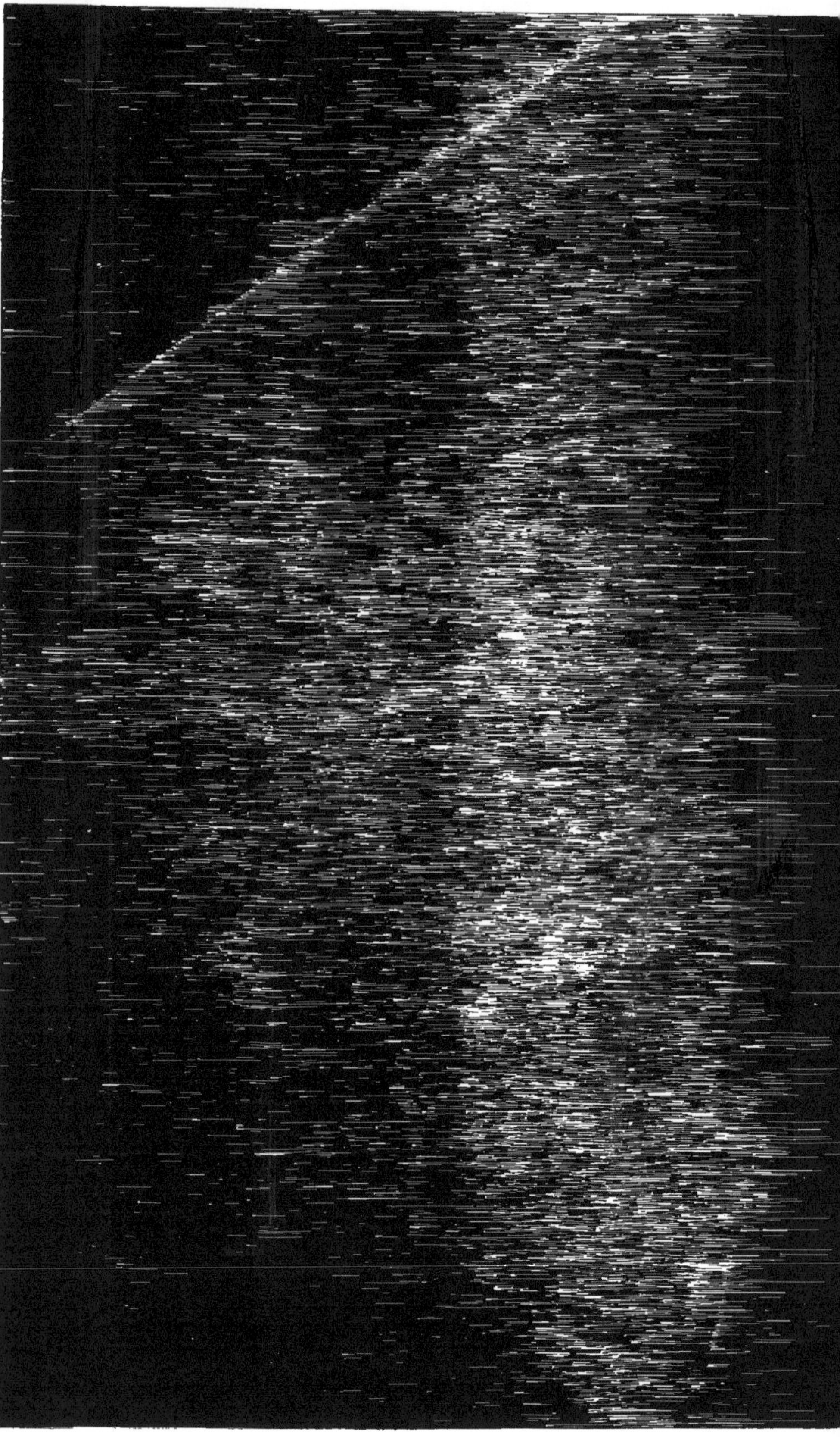

OBSÈQUES

DE

M. F.-C. BARREAU

INGÉNIEUR DES PONTS ET CHAUSSÉES, CHEVALIER

DE LA LÉGION D'HONNEUR

Décédé à Boulogne-sur-mer

LE 21 AOUT 1883

FRANÇOIS-CHARLES

BARREAU

Né à Moulins (Allier)

LE 13 NOVEMBRE 1847

† BOULOGNE - SUR - MER

21 AOUT 1883

BOULOGNE - SUR - MER

IMPRIMERIE VEUVE CHARLES AIGRE

4, RUE DES VIEILLARDS

—

1883

OBSÈQUES

DE

M. F.-C. BARREAU

Le vendredi, 24 août 1883, ont eu lieu en la Basilique de Notre-Dame et Saint-Joseph, haute-ville de Boulogne-sur-mer, les obsèques de Monsieur Charles Barreau, ingénieur des Ponts et Chaussées, chevalier de la Légion d'honneur, décédé, à l'âge de trente-cinq ans, en son domicile, boulevard Mariette.

La levée du corps se fit à dix heures. Derrière le clergé, le coussin était porté par Monsieur Guillain, ingénieur en chef des Ponts et Chaussées, chevalier de la Légion d'honneur, chef immédiat du défunt dans le service des ports maritimes et des phares du Pas-de-Calais.

Il était suivi des couronnes offertes à leur ingénieur par :

MM. les conducteurs et agents secondaires du service de M. Barreau ;

Les ouvriers et surveillants du nouveau port ;

Les ouvriers et chefs des chantiers des entrepreneurs du nouveau port ;

Les ouvriers charpentiers des travaux du port de Boulogne ;

Les ouvriers et surveillants des travaux d'entretien du port de Boulogne.

Puis s'avançait le char funèbre, qui disparaissait sous les couronnes et les croix de fleurs, déposées par des mains amies.

Les cordons du poêle étaient tenus par :

MM. Vétillard, ingénieur des Ponts et Chaussées, chevalier de la Légion d'honneur, chargé du service des ports et phares de Calais ;

Voisin, ingénieur des Ponts et Chaussées, du service ordinaire de l'arrondissement de Boulogne ;

Atteleyn, commandant du génie et commandant d'armes de la place de Boulogne, officier de la Légion d'honneur ;

Tiret, lieutenant de vaisseau, capitaine de port, chevalier de la Légion d'honneur.

Aux dépouilles mortelles de celui qui pendant six ans avait été leur chef, le corps des gardiens des phares, en grande tenue, faisait escorte.

Les honneurs militaires étaient rendus au chevalier de la Légion d'honneur et au chef de bataillon du génie de l'armée territoriale par un piquet du 8ᵉ régiment de ligne commandé par un lieutenant, chevalier de la Légion d'honneur.

Le deuil était conduit par Monsieur de Boiville, accompagné de Monsieur Paul Moleux, par Messieurs Maurice, Etienne, Benjamin Bernard et Henry Lesur, beaux-frères du défunt et Monsieur Lambert, son oncle, accompagné de Monsieur le docteur Houzel. Puis se pressaient en nombre considérable les parents, les alliés, les amis, les autorités civiles, militaires et administratives de la ville. Les membres de plusieurs institutions, comme la Chambre de Commerce, les Compagnies de navigation à vapeur, etc., etc., avaient tenu à rendre les derniers devoirs à l'ingénieur distingué dont ils avaient apprécié les hautes qualités et les services marquants et à donner un témoignage public de leur respectueuse sympathie à sa famille. Le personnel des Ponts et Chaussées était au complet ; tous montraient ainsi leur attachement et leur reconnaissance pour ce chef si universellement regretté. On voyait : les conducteurs, agents secondaires, officiers et maîtres du port de Boulogne ;

Les agents inférieurs du port de Boulogne : gardes de navigation, éclusiers, cantonniers et haleurs ;

Tous les ouvriers au nombre de huit cents

environ , groupés par entreprises , chantiers et corporations, ayant en tête de chaque groupe un chef de chantier. On constatait aussi la présence :

Des conducteurs et agents secondaires du service ordinaire de l'arrondissement de Boulogne ;

Des conducteurs, agents secondaires, officiers et maîtres du port de Calais.

L'ordre admirable, qui n'a cessé de régner tant à la cathédrale que dans tout le parcours de la ville, n'était pas moins émouvant que le silence et l'attitude recueillie de cette réunion de dix-huit cents à deux mille personnes ; pendant plus de deux heures, elle accompagna la dépouille de ce concitoyen éminent, prématurément enlevé à sa famille et à son pays.

Après la cérémonie religieuse, le cortège se reforma aussi nombreux ; le corps fut conduit à la gare pour être transporté à Abbeville, lieu de sépulture de la famille maternelle de Monsieur Barreau.

Dans la traversée du port, on remarquait les navires français et anglais dont les pavillons étaient amenés en signe de deuil.

A ces témoignages non équivoques de sentiments sympathiques sont venus s'ajouter ceux de la presse Boulonnaise toute entière ; elle n'a eu que des paroles d'éloge et de regret.

Cette unanimité prouve à elle seule combien Monsieur Barreau était aimé et estimé de tous.

Deux discours, qui ont vivement impressionné les assistants, ont été prononcés à la gare, au moment de la séparation.

D'abord par Monsieur l'ingénieur en chef Guillain qui, d'une voix émue, s'exprima en ces termes :

Messieurs,

L'ami que nous pleurons était la modestie même ; il fuyait le bruit et se dérobait aux témoignages d'estime que lui attiraient ses mérites. Cependant, devant l'imposante manifestation, toute spontanée, de deuil public, à laquelle nous assistons aujourd'hui, la famille de M. Barreau n'a pas cru que nous manquerions au respect dû à ses habitudes d'esprit, en rendant ici un dernier hommage aux services qu'il a rendus au pays, et elle m'a permis d'exprimer publiquement, avant de nous séparer des restes de notre pauvre ami, les sentiments que nous fait éprouver à tous ce grand malheur.

L'administration des travaux publics comptait depuis onze ans M. Barreau au nombre de ses ingénieurs les plus méritants. Dès sa sortie de l'Ecole des Ponts et Chaussées, en 1872, il était attaché à l'arrondissement de Montreuil comme ingénieur du service ordinaire, et chargé en outre de l'exécution du chemin de fer d'Arras à Etaples. Il s'y distingua pendant cinq années par les qualités que nous avons pu apprécier plus tard, quand il fut chargé, en 1877, du service de l'arrondissement maritime de Boulogne. Depuis 1877, vous l'avez vu à l'œuvre. C'est par lui qu'a été préparée dans tous ses détails l'exécution des grands travaux de la nouvelle rade de Boulogne ; c'est lui qui a contribué surtout, par sa direction énergique, par ses soins de tous les jours, à en organiser les chantiers. Il les avait enfin amenés dans ces derniers mois, à ce degré de pleine activité, où l'ingénieur, débarrassé des travaux préliminaires, jouit enfin de la vue du développement rapide des ouvrages qu'il a conçus, quand la mort est venue brutalement l'interrompre, l'arracher à cette grande œuvre qu'il avait faite sienne et pour laquelle il était animé d'une si généreuse passion.

L'Etat a donc fait une grande perte, en perdant cet ingénieur distingué, d'un caractère éprouvé, d'une intelligence sûre, déjà mûri par une longue expérience et animé d'un profond sentiment du devoir. La ville de Boulogne, dont la prospérité est si intimement liée à celle de son port, doit à M. Barreau une grande reconnaissance, non-seulement pour les efforts qu'il a faits depuis six ans dans le but d'imprimer la plus grande activité possible aux difficiles travaux de la nouvelle rade, mais encore pour les résultats remarquables qu'il a obtenus depuis deux ans dans l'amélioration de l'entrée du port actuel.

Les sept cents ouvriers qui nous entourent et qui ont tenu spontanément à venir accompagner jusqu'ici leur chef regretté, tous ses collaborateurs qui les guident dans l'accomplissement de ce pieux devoir, ont connu

par expérience la valeur des services de M. Barreau.
Ils ont connu aussi et éprouvé sa bonté, toujours agis-
sante pour les soutenir, pour les aider, pour les guider
dans leur rude carrière. Tous l'aimaient d'une affection
reconnaissante ; ils ne peuvent se figurer encore qu'ils
aient perdu leur ingénieur, hier encore si actif, et dont
l'action bienfaisante leur était si chère à tous.

Et maintenant qu'au nom de l'Administration, au
nom de mes collaborateurs, j'ai rendu à la mémoire de
notre cher ingénieur l'hommage qu'il mérite, permettez-
moi, Messieurs, de vous parler de l'ami.

Tous ceux qui ont vécu dans son intimité, ont iamé
son esprit discret et distingué, sa droiture, sa douceur,
son inaltérable bienveillance, la dignité de son caractère, la sûreté de son commerce. Aucune des qualités
qui font le charme de la vie ne lui manquait. Il ne lui
manquait rien non plus de ce qui peut rendre la vie
heureuse ; c'est en plein bonheur qu'il a été arraché
tout à coup à l'amour de sa famille et à notre amitié.

Les orphelins inconscients qui entourent sa pauvre
veuve et qui ne peuvent pas encore bien comprendre
aujourd'hui l'immense douleur dont elle est accablée, ni
le grand malheur qui les frappe eux-mêmes, sauront un
jour, Messieurs, ce que valut leur père : on leur dira ce
concours de toute une ville pour honorer sa mémoire
et pour reconnaître les services qu'il a rendus à l'Etat.
Puissent-ils s'inspirer des exemples que leur laisse la
trop courte vie, si digne et si utile, d'un tel père ! Le
témoignage de notre haute estime, de notre vive amitié
pour le cher absent, et de notre profonde affliction, est

impuissant à adoucir une douleur inconsolable. Puisse-t-il au moins être rapporté plus tard aux fils de notre ami, et rendre encore plus efficace pour les guider dans la vie, le souvenir du père qui les a tant aimés !

Puis par Monsieur le commandant Atteleyn, dont Monsieur Barreau était le collègue dans le génie de l'armée territoriale ; nous reproduisons ces paroles chaleureuses, dites également au milieu d'une profonde émotion :

MESSIEURS,

Permettez-moi, au nom de la fraternité qui existe dans tous les rangs de l'armée, de venir, comme commandant du génie, adresser un dernier adieu à mon ami, à mon camarade Barreau, chef de bataillon du génie de l'armée territoriale, chevalier de la Légion d'honneur. Messieurs, depuis près de huit ans, soit à Montreuil, soit à Boulogne, j'ai eu, comme membre de la commission mixte des travaux publics, à étudier des questions importantes avec cet éminent ingénieur et notamment pour la création du port en eau profonde, qui a été son œuvre sous la direction de MM. Stœcklin, Plocq et Guillain, les savants ingénieurs en chefs auxquels Boulogne devra dans un avenir prochain une nouvelle prospérité. Dans toutes les questions soumises à notre étude, M. Barreau apportait un jugement fin, correct, et un esprit de conciliation parfait, en sorte que, quoique représentant des intérêts différents, nous étions toujours d'accord, et c'est grâce à cet accord, que la défense du port de Boulogne sera sous peu, j'en ai aujourd'hui la conviction, suffisamment assurée contre les tentatives de l'ennemi si elles venaient à se produire. M. Barreau est mort à la peine, mais de nouveaux camarades viendront prendre sa succession et s'inspirant de ses idées, de son dévouement et de son expérience, chercheront à mener à bonne fin le gigantesque travail commencé.

M. Barreau était non-seulement un ingénieur remarquable, mais encore un français au cœur chaud et patriotique qui voulait, le cas échéant, abandonner les travaux du temps de paix pour se consacrer à ceux du temps de guerre, il avait été nommé successivement en raison de ses fonctions : lieutenant, capitaine et chef de bataillon du génie de l'armée territoriale et devait, en cas de mobilisation, prendre le commandement du génie et des batteries de côte de Boulogne. Je savais donc, en partant pour l'armée, que je laissais mon service en de bonnes mains, et que je pouvais compter sur lui pour la défense de cette portion du littoral. C'est pourquoi, Messieurs, j'éprouve un grand chagrin, car la mort m'enlève brutalement un ami dans toutes les forces de la jeunesse et du travail, un collaborateur, instruit, conciliant, et un successeur de valeur, si les destinées de la France avaient voulu que l'armée active marchât à la frontière.

Adieu mon brave camarade, adieu mon ami, adieu Barreau, que ta jeune femme et tes enfants qui te pleurent, sachent bien que tu n'as laissé sur cette terre que des regrets et des camarades qui ne t'oublieront jamais.

EXTRAITS DES JOURNAUX

L'*Impartial de Boulogne-sur-mer*, samedi 25 août 1883 :

Une foule immense suivait hier la dépouille mortelle de M. Barreau, dont nous déplorons trop vivement la perte, pour ne pas envoyer à sa famille éplorée l'expression de tous nos regrets. Ingénieur distingué, chevalier de la Légion d'honneur, M. Barreau avait devant lui un avenir splendide ; tout semblait lui sourire, quand la mort vint le frapper inopinément à trente-cinq ans. La religion perd en lui un chrétien solide, notre ville un enfant d'adoption distingué autant qu'apprécié. Il avait au cœur cette noblesse de caractère, cet amour du pauvre et de l'ouvrier, si rares aujourd'hui. Le plus bel éloge que l'on puisse faire de lui, les huit cents ouvriers du port en eau profonde l'ont fait en manifestant à son service funèbre, la douleur qu'ils éprouvaient.

* *

Environ deux mille personnes ont assisté à la cérémonie religieuse célébrée à la Cathédrale et ont reconduit le corps jusqu'à la gare où des discours ont été prononcés, l'inhumation a eu lieu aujourd'hui à Abbeville, où existe le caveau de la famille.

Le deuil était conduit par M. Guillain, ingénieur en chef des Ponts et Chaussées ; les cordons du poêle tenus

par MM. les ingénieurs Vétillard et Voisin, et
MM. Atteleyn, commandant du génie et Tiret, capitaine du port.

La *France du Nord*, dimanche 26 août 1883 :

Jamais peut-être manifestation plus imposante n'a
eu lieu que celle à laquelle ont donné lieu, hier matin,
les obsèques de M. Barreau. On sentait que le deuil
était général et que tous s'associaient à la douleur de
cette famille si prématurément privée de son chef, aux
regrets de cette administration où le défunt ne comptait
que des amis.

On peut évaluer à environ deux mille le nombre des
personnes qui ont assisté à la cérémonie religieuse
célébrée à la Cathédrale, et ont reconduit le corps
jusqu'à la gare où les discours ont été prononcés,
l'inhumation ayant lieu aujourd'hui à Abbeville, où
existe le caveau de la famille.

Tout le personnel des Ponts et Chaussées (service de
Boulogne et de Calais), le service ordinaire, les employés du port, les ouvriers de l'administration et des
diverses entreprises, conduits par leurs chefs de chantier, figuraient dans le cortège au nombre d'environ
huit à neuf cents.

L'*Indépendant*, 31 août 1883 :

Dans notre numéro du 24 courant nous avons
annoncé la mort de M. Barreau, ingénieur des Ponts et
Chaussées, chargé du service des ports maritimes et

phares de l'arrondissement de Boulogne, et nous avons dit toute la sympathie que nous éprouvions pour cet ingénieur, qui, à un cœur loyal, à un esprit vif et modeste joignait une affabilité qui lui avait valu l'amitié de tous ceux qui avaient eu des rapports avec lui.

Nous publions aujourd'hui les deux discours prononcés à ses obsèques, en nous associant entièrement aux sentiments exprimés par MM. Guillain et Atteleyn.

La *Colonne*, mercredi 29 août 1883 :

Une foule estimée à plus de deux mille personnes assistait, vendredi dernier, aux obsèques de M. Barreau, ingénieur distingué dont notre ville déplore la perte. Outre le personnel des Ponts et Chaussées, le service ordinaire, et un grand nombre de notabilités de la ville, les ouvriers employés au port en eau profonde, conduits par leurs chefs de chantier, avaient pris place dans le cortège et se faisaient remarquer par leur excellente tenue : on eut dit qu'ils avaient perdu un père.

L'honorable ingénieur en chef des Ponts et Chaussées, M. Guillain, conduisait le deuil. Les cordons du poêle étaient tenus par MM. Atteleyn, commandant du génie ; Tiret, capitaine de port, Vétillard et Voisin ingénieurs. Après la cérémonie religieuse qui a eu lieu en la basilique Notre-Dame et Saint Joseph, le corps a été reconduit jusqu'à la gare ou plusieurs discours ont été prononcés. L'inhumation a eu lieu à Abbeville, c'est là que se trouve le tombeau de la famille. Nous avons annoncé que le défunt était mort d'une maladie de cœur nous avons été induits en erreur ; M. Barreau

a vu venir la mort et il a puisé dans les secours de la
religion la force et la résignation chrétiennes qui ont
adouci la fin de sa belle existence.

Puissent les hommages mérités rendus à sa mémoire
et l'émotion sympathique d'une grande partie de la
population boulonnaise qui connaissait et appréciait
M. Barreau, apporter quelque adoucissement aux
regrets de sa famille si douloureusement éprouvée.